Virgil Van Dijk: d de lach, de 150 raarste feiten!

Van gekke rituelen tot hilarische ongelukken - ontdek de onverwachte kant van de coolste verdediger van het voetbal!

ARTER

Copyright © 2024 door A. Arter. Alle rechten voorbehouden. Geen enkel deel van deze publicatie mag worden gereproduceerd, gedistribueerd of verzonden in welke vorm of op welke manier dan ook, inclusief fotokopiëren, opnemen of andere elektronische of mechanische methoden, zonder de voorafgaande toestemming van de uitgever, met uitzondering van korte citaten die zijn opgenomen in recensies en ander nietcommercieel gebruik dat is toegestaan door het auteursrecht.

Oké, je kent Virgil Van Dijk, toch? De reus, de legende, de man die stakers doet beven in hun laarzen. Maar hier is het ding: hoewel de wereld hem kent als de ijzersterke verdediger van Liverpool en Nederland, is er een heel andere kant aan Virgil die niet zo bekend is. De kant die van een goede lach houdt, grappen maakt over zijn "donderslagen" in de lucht en veel te veel tijd besteedt aan het uitzoeken hoe je een avocado moet schillen.

In dit boek sta je op het punt 150 van de vreemdste, grappigste en meest onverwachte feiten te ontdekken over de man die in feite een voetbalsuperheld is. Dus leun achterover, ontspan en maak je klaar om Virgil Van Dijk te zien zoals je hem nog nooit eerder hebt gezien.

1. De torenhoge Titan

Met een lengte van 6'4" "valt Virgil van Dijk niet alleen op" op het veld, hij domineert het ook. Maar hier is het ding: hij is niet alleen lang; Hij is een genie in de lucht. Elke keer dat de bal in zijn zone wordt gebracht, is het alsof hij een persoonlijke aantrekkingskracht heeft. Aanvallers springen, zwaaien en doen hun best, maar Virgil knikt de bal gewoon kalm weg alsof hij wil zeggen: *"Leuk geprobeerd, vriend."* Als hij in de verdediging staat, weten tegenstanders dat hun voorzetten net zo goed 'Return to Sender' kunnen worden aangepakt.

2. Van vaatwasser tot defensieve dynamo

Voordat Virgil een voetbalicoon werd, was hij afwasser in een Nederlands restaurant en verdiende hij zakgeld terwijl hij zijn voetbaldromen najoeg. Stel je een tiener Virgil voor die borden schrobt en denkt : *"Op een dag zal ik in plaats daarvan spitsen van de bal schrobben."* Het beste gedeelte? Zijn bescheiden begin gaf hem een arbeidsethos dat vandaag de dag nog steeds zichtbaar is. Toen hem naar die baan werd gevraagd, zei hij dat het hem geduld en hard werken leerde, hoewel we wedden dat hij veel gelukkiger is met het onderscheppen van passes dan met het spoelen van vorken.

3. De laatbloeier die bewees dat iedereen ongelijk had

Virgil was niet het kind waar iedereen in zijn vroege tienerjaren zijn ogen op had gericht. Scouts dachten dat hij niet snel genoeg of bekwaam genoeg was om het te halen. Sommigen stelden zelfs voor dat hij het bij amateurvoetbal zou houden. Hij bewees niet alleen dat ze ongelijk hadden; Hij verpletterde hun twijfels absoluut. Tegenwoordig wordt hij algemeen beschouwd als een van de beste verdedigers ter wereld, wat aantoont dat je niet op 15-jarige leeftijd hoeft te pieken om legendarisch te worden. Praat over het ultieme "van onderaf begonnen" verhaal.

4. De rustigste man in het voetbal

Stel je voor: het is de 90e minuut, Liverpool wordt aangevallen en het publiek staat op scherp. Maar daar is Virgil, die nonchalant over het veld slentert en eruitziet alsof hij gewoon een ontspannen wandeling in het park maakt. Zijn kalmte onder druk is niet alleen cool, het is ronduit intimiderend. Tegenstanders denken vaak te veel na over hun zetten en vragen zich af: *"Waarom raakt deze man niet in paniek?"* Het antwoord? Virgil weet dat hij het onder controle heeft voordat iemand anders dat doet.

5. De onaantastbare reus van Celtic

Tijdens zijn tijd bij Celtic won Virgil niet alleen wedstrijden, hij veranderde de hele competitie in zijn persoonlijke speeltuin. In twee seizoenen verloor Celtic slechts negen wedstrijden in alle competities, en de meeste van die verliezen vonden plaats toen Virgil niet speelde. Hij scoorde vrije trappen, dribbelde langs hele teams en verdedigde alsof zijn leven ervan afhing. Tot op de dag van vandaag praten Celtic-fans nog steeds over hem alsof hij een mythische figuur is.

6. Modespel Sterk

Als Virgil niet bezig is met het uitschakelen van 's werelds beste spitsen, is hij bezig met het afsluiten van de modewereld. Zijn Instagram staat vol met foto's die 'stijlicoon' schreeuwen, met maatpakken, luxe horloges en sneakers die meer kosten dan de huur van de meeste mensen. Zelfs zijn trainingsuitrusting ziet er cooler uit dan wat de meesten van ons dragen tijdens een avondje uit. Fans grappen dat Virgil waarschijnlijk in een smoking naar een wedstrijd zou kunnen komen en toch de nul zou kunnen houden.

7. De verdediger die nooit geboekt wordt

Hier is een gek feit: voor een man die altijd midden in de actie zit, wordt Virgil zelden geboekt. Het is bijna alsof hij een cheatcode heeft voor het vermijden van gele en rode kaarten. Het geheim? Hij duikt niet in roekeloze tackles of begint geen onnodige gevechten. In plaats daarvan leest hij het spel zo goed dat hij al een stap voor is voordat de overtreding zelfs maar plaatsvindt. Aanvallers haten hem hier misschien om, maar scheidsrechters? Ze houden waarschijnlijk van hem.

8. De man die £ 75 miljoen er goedkoop uit liet zien

Toen Liverpool Virgil van Dijk in 2018 voor £ 75 miljoen tekende, noemden critici het een "belachelijk" bedrag om aan een verdediger uit te geven. Een paar jaar vooruitspoelen, en hij is elke cent waard. Hij transformeerde de verdediging van Liverpool van de ene op de andere dag en veranderde ze van een wankele achterhoede in een ondoordringbaar fort. Liverpool had in ieder geval korting kunnen krijgen. In dit tempo ligt zijn waarde waarschijnlijk ergens tussen 'onbetaalbaar' en 'je kunt hem niet betalen'.

9. De kapitein zonder armband

Virgil is niet altijd de officiële aanvoerder van zijn team, maar dat zou je nooit weten als je hem ziet spelen. Zijn leiderschap op het veld is zo natuurlijk, het is alsof hij een onzichtbare aanvoerdersband heeft.

Hij is constant bezig met het organiseren van de verdediging, het motiveren van zijn teamgenoten en zelfs het coachen van jongere spelers tijdens wedstrijden. Sommigen zeggen dat het is alsof hij een manager op het veld heeft - en als je bedenkt hoe kalm en beheerst hij is, hebben ze waarschijnlijk gelijk.

10. Een glimlach die een spits kan ontwapenen

De glimlach van Virgil is niet alleen een mooie foto, het is ook zijn geheime wapen. Nadat hij het schot van een spits heeft geblokkeerd of een harde tackle heeft gewonnen, zal hij een grijns laten zien die lijkt te zeggen: *"Volgende keer beter, maat."* Het is zo ontwapenend dat zelfs de meest competitieve spelers terugglimlachen, alsof ze denken: *"Oké, je hebt me deze keer."* In een sport waar de gemoederen hoog kunnen oplopen, is het vermogen van Virgil om positief te blijven ronduit magisch.

11. Meneer kalm onder druk

Als Virgil in een wedstrijd met hoge inzetten zit, zou je denken dat hij in een yogales zit in plaats van tegenover een spits van wereldklasse. Strafschoppenseries? Champions League-finale? Hij behandelt ze met dezelfde mate van kilte die je zou verwachten van iemand die een koffie bestelt. Tegenstanders hebben zelfs gezegd dat het zenuwslopend is: *"Hoe zweet deze man niet?"* Spoiler: hij is gewoon zo zelfverzekerd.

12. De vrijetrapspecialist die je niet zag aankomen

Virgil is niet alleen een muur in de verdediging, hij heeft ook een kanon van een rechtervoet. In zijn Keltische tijd scoorde hij een aantal adembenemende vrije trappen waardoor fans zich afvroegen: *"Wacht, is deze man geen verdediger?"* Hij neemt ze nu niet meer zo vaak, maar af en toe herinnert hij de wereld eraan dat hij meer is dan alleen een tackler - hij is ook een sluipschutter.

13. De seriewinnaar

Laten we het over trofeeën hebben. Bij Liverpool heeft hij de Premier League, Champions League, FA Cup en meer in de wacht gesleept. Zijn voormalige

Celtic-teamgenoten? Ze hebben waarschijnlijk nog steeds nachtmerries over hoe hij hun verdediging eruit liet zien als een zondags competitieteam. Overal waar hij gaat, volgen trofeeën. Sommige fans grappen dat als Virgil zich bij een pubteam zou aansluiten, ze waarschijnlijk ook een kampioenschap zouden winnen.

14. Een meester in denkspelletjes

Virgil verslaat spitsen niet alleen fysiek, hij verslaat ze ook mentaal. Een van zijn favoriete trucs? De *blik van de dood*. Vlak voordat een tegenstander een schot waagt, kijkt Virgil hen aan alsof hij hun ziel leest. Er wordt gezegd dat de blik alleen al ervoor heeft gezorgd dat spelers kansen hebben verprutst. Stel je voor dat je probeert te scoren met een verdediger van 6'4" die in je hersenen staart.

15. De loyale leider

Toen Liverpool een leider in hun verdedigingslinie nodig had, stapte Virgil niet alleen op, hij nam het over. Zijn teamgenoten noemen hem "De Generaal" omdat hij de verdediging organiseert als een militaire operatie. Of het nu gaat om het schreeuwen van instructies of het nonchalant blokkeren van schoten, hij staat voor iedereen klaar. En als hij een fout maakt (zeldzame, maar het gebeurt), bezit hij die als een echte leider.

16. De man die een hekel heeft aan verliezen

Virgil is zo competitief als maar kan. Verliezen? Niet zijn ding. Als Liverpool punten laat liggen of een doelpunt tegen krijgt, zie je dat aan zijn gezicht - pure frustratie. Maar in plaats van te mokken, kanaliseert hij die energie om ervoor te zorgen dat het niet meer gebeurt. Sommigen zeggen dat zijn analysesessies na de wedstrijd enger zijn dan de teamgesprekken van Klopp.

17. De nederige superster

Ondanks zijn succes blijft Virgil een van de meest nuchtere spelers in het spel. Hij praat vaak over hoe dankbaar hij is voor zijn reis, van over het hoofd gezien worden als tiener tot een van de beste ter wereld worden. Hij bedankt zijn ouders nog steeds voor het rijden naar trainingssessies, wat bewijst dat zelfs voetbalsupersterren een goed ondersteuningssysteem nodig hebben.

18. De kogelvrije verdediger

Virgil heeft te maken gehad met enkele van 's werelds beste spitsen - Messi, Ronaldo, Mbappé - en liet het er gemakkelijk uitzien. Zijn geheim? Perfecte positionering en het vermogen om het spel te lezen als een paranormaal begaafde. Fans grappen dat hij een zesde zintuig heeft voor waar de bal naartoe zal gaan, maar eigenlijk zijn het gewoon jaren van hard werken en waanzinnig talent.

19. De man die Liverpool weer deed geloven

Voordat Virgil arriveerde, was de verdediging van Liverpool, nou ja... Laten we het 'inconsistent' noemen. Maar toen hij in 2018 toetrad, veranderde alles. Plots waren ze solide, zelfverzekerd en bijna onmogelijk af te breken. Fans zeggen nog steeds dat hij de beste £ 75 miljoen is die ooit is uitgegeven - en eerlijk gezegd hebben ze geen ongelijk.

20. Degene die ontsnapte (voor andere clubs)

Voordat hij bij Liverpool kwam, werd Virgil gescout door clubs als Manchester City en Chelsea, maar die aarzelden. Slechte zet. Toen Liverpool binnenviel, was de rest geschiedenis. Nu schopt elke club die hem heeft gepasseerd zichzelf waarschijnlijk dagelijks.

21. Blessure Comeback Koning

In 2020 leed Virgil aan een verwoestende ACL-blessure die hem bijna een jaar aan de kant hield. Voor de meeste spelers zou dat hun carrière veranderen, maar niet voor hem. Hij werkte onvermoeibaar om sterker terug te komen en bewees dat niets - letterlijk niets - hem lang kan tegenhouden.

22. De heer van het voetbal

Virgil staat bekend om zijn sportiviteit. Hij gaat zelden gevecht, duikt nooit en toont altijd respect voor tegenstanders. In een wereld waar voetballers vaak worden bekritiseerd om hun capriolen, schittert de klasse van Virgil als een baken. Zelfs rivaliserende fans moeten toegeven: *"Ja, we haten hem, maar hij is een goede kerel."*

23. Een mentor voor de volgende generatie

Virgil is niet alleen een leider op het veld, hij is ook een mentor voor jongere spelers. Of het nu gaat om Trent Alexander-Arnold bij Liverpool of nieuwe gezichten in het Nederlands elftal, hij biedt altijd advies en begeleiding. Stel je voor dat je een 20-jarige verdediger bent en Virgil van Dijk als je persoonlijke coach hebt. Geen druk, toch?

24. Het onverslaanbare thuisrecord

Jarenlang was Anfield een fort - en Virgil was de hoeksteen. Op een gegeven moment speelde hij 70+ wedstrijden zonder thuis ook maar één Premier League-wedstrijd te verliezen. Tegenstanders kwamen opdagen, zagen Virgil in de line-up en dachten:

"Welp, laten we gewoon proberen niet te erg te verliezen."

25. De familieman

Buiten het veld draait het bij Virgil allemaal om zijn familie. Hij heeft een vrouw, kinderen en een hechte kring die hem met beide benen op de grond houdt. Hij is zelfs gespot terwijl hij met zijn kinderen in de achtertuin speelde, wat bewijst dat achter de superster-persona een gewone man zit die van vadertaken houdt.

26. De Header Koning

Kopballen scoren is een kunst, en Virgil is Picasso. Of het nu uit een corner of een vrije trap is, hij lijkt altijd boven iedereen uit te stijgen. Leuk weetje: keepers zeggen vaak dat ze een hekel hebben aan zijn kopballen omdat ze krachtig en precies zijn. Het is alsof hij elke keer op de perfecte plek mikt.

27. De Nederlandse torpedobootjager

In het Nederlands elftal is Virgil het rotsvaste fundament van hun verdediging. Hij is aanvoerder van het team met dezelfde kalme autoriteit die hij bij Liverpool toont en verdient het respect van zowel fans als teamgenoten. Nederlandse fans hebben zelfs spreekkoren aan hem opgedragen, want waarom zou je dat niet doen?

28. Virgil's Secret Sauce: consistentie

Virgil speelt niet alleen goed, hij speelt ook elke keer goed. Het is alsof hij wakker wordt, zijn tenue aantrekt en besluit: *"Tijd om weer van wereldklasse te zijn."* Zelfs als hij niet op 100% is, zijn zijn "slechte" wedstrijden nog steeds beter dan de beste prestaties van de meeste verdedigers. Als verdedigers apps waren, zou Virgil de nieuwste update zonder glitches uitvoeren.

29. De speler die tegenstanders graag haten

Tegenstanders hebben toegegeven dat ze een hekel hebben aan spelen tegen Virgil. Niet omdat hij gemeen of vies is, maar omdat hij ze een hulpeloos gevoel geeft. Stel je voor dat je op volle snelheid naar het doel sprint, alleen om Virgil nonchalant naast je te zien joggen, klaar om de bal te nemen zonder te zweten. Het is demoraliserend, maar dat is zijn werk.

30. De schaakmeester van verdedigers

Voetbal is als schaken voor Virgil, en hij is altijd drie zetten voor. Aanvallers denken dat ze hem hebben verslagen, maar realiseren zich dat hij al heeft geanticipeerd op hun volgende stap. Fans grappen vaak dat hij waarschijnlijk een hele wedstrijd zou kunnen spelen terwijl hij koffie drinkt en toch de nul houdt.

31. De aura van Anfield

Wanneer Virgil het veld van Anfield betreedt, is het alsof het stadion zijn koning erkent. Het gebrul van de menigte, de rode zee - het lijkt allemaal zijn energie te voeden. Hij heeft gezegd dat spelen op Anfield speciaal voelt, en zijn prestaties bewijzen dat. Stakers die het stadion binnenkomen? Ze kunnen net zo goed een witte vlag meenemen.

32. Een verdediger met een spitsentouch

Virgil's vaardigheid aan de bal is zo goed dat je zou denken dat hij zijn carrière als aanvaller is begonnen. Zijn lange passes zijn lasergestuurd en zijn voetenwerk kan wedijveren met sommige middenvelders. Het is geen wonder dat de aanvallen van Liverpool vaak bij hem beginnen - hij heeft de visie van een spelmaker en de precisie van een sluipschutter.

33. De blessure die niemand kon vergeten

Toen Virgil in 2020 geblesseerd raakte, hapte de voetbalwereld collectief naar adem. Liverpool-fans huilden, experts debatteerden en memes overspoelden het internet. Maar Vergilius? Hij ging aan de slag. Na maanden van revalidatie kwam hij sterker terug, wat bewees dat zelfs een ACL-scheur hem niet kon tegenhouden. Het is alsof de man helende krachten op Wolverine-niveau heeft.

34. Zijn bromance met Joe Gomez

De samenwerking van Virgil en Joe Gomez bij Liverpool is als pindakaas en gelei - perfect complementair. Hun chemie op het veld valt niet te ontkennen, en buiten het veld staan ze erom bekend dat ze een paar keer lachen. Fans noemen ze niet voor niets het "Dynamic Duo".

35. Hij is de beste vriend van een keeper

Als je een keeper bent en Virgil staat voor je, gefeliciteerd - je hebt werkzekerheid. Alisson Becker, de keeper van Liverpool, heeft openlijk gezegd dat Virgil zijn leven een miljoen keer gemakkelijker maakt. Met Virgil in de buurt komen schoten zelden bij de keeper. Het is alsof je een firewall hebt voor de eigenlijke firewall.

36. De man die bijna stopte

Op 17-jarige leeftijd kreeg Virgil van artsen te horen dat hij misschien nooit meer zou voetballen na een gezondheidsprobleem. Maar in plaats van op te geven, vocht hij harder terug dan ooit. Die ervaring vormde zijn veerkracht en maakte hem tot de onstuitbare kracht die we vandaag kennen.

37. Een kapitein die inspireert, niet intimideert

In tegenstelling tot sommige kapiteins die met ijzeren vuist regeren, leidt Virgil met rustig vertrouwen. Hij hoeft niet te schreeuwen of driftbuien te krijgen; Alleen al zijn aanwezigheid dwingt respect af. Teamgenoten hebben gezegd dat alleen al het zien van Virgil kalm onder druk hen inspireert om op te staan.

38. De favoriet van de fans

Liverpool-fans zijn dol op Virgil, niet alleen omdat hij goed is in voetbal, maar ook omdat hij oprecht sympathiek is. Hij neemt de tijd om met fans te communiceren, handtekeningen uit te delen en zelfs te poseren voor selfies. Of het nu een jong kind is of een levenslange supporter, Virgil zorgt er altijd voor dat ze zich speciaal voelen.

39. De ultieme comeback-koning

Vergilius gedijt bij tegenspoed. Of het nu gaat om herstellen van een blessure of terugveren van een zeldzame slechte wedstrijd, hij komt altijd sterker terug. Het is alsof hij een persoonlijke wrok koestert tegen tegenslagen - en geloof me, tegenslagen maken geen schijn van kans.

40. Zijn liefde voor Hollandse pannenkoeken

Toen hem werd gevraagd naar zijn favoriete cheat-maaltijd, gaf Virgil toe dat hij dol is op Nederlandse pannenkoeken. Stel je voor dat de grote man gaat zitten met een stapel pannenkoeken, siroop druipend, eruitziend als een kind in een snoepwinkel. Zelfs legendes hebben hun comfort food nodig.

41. De beschermengel van verdediging

Virgil verdedigt niet alleen; Hij beschermt zijn team alsof het een heilige plicht is. Zijn blocks, tackles en onderscheppingen zijn zo perfect getimed dat ze er bijna gechoreografeerd uitzien. Het is geen wonder dat teamgenoten zich onoverwinnelijk voelen als hij op het veld staat.

42. De eerste verdediger die UEFA Speler van het Jaar wint

In 2019 werd Virgil de eerste verdediger ooit die UEFA Speler van het Jaar won. Aangezien de prijs meestal naar flitsende spitsen of middenvelders gaat, was dit een groot probleem. Het was alsof de voetbalwereld eindelijk erkende dat verdediging wedstrijden wint - en Virgil leidt de aanval.

43. Een beest in opleiding

Teamgenoten hebben gezegd dat Virgil net zo intens is tijdens de training als tijdens wedstrijden. Hij behandelt elke oefening alsof het de Champions League-finale is en pusht iedereen om hem heen om te verbeteren. Als je verslapt in de training, wees dan niet verbaasd als Virgil je roept.

44. De speler die iedereen beter maakt

Virgil heeft een uniek vermogen om iedereen om hem heen te verheffen. Of het nu zijn verdedigende partner is of de keeper achter hem, hij maakt hun werk gemakkelijker. Sommigen zeggen dat zijn aanwezigheid als een cheatcode is voor het winnen van games.

45. Degene die nooit in paniek raakt

Zelfs op de spannendste momenten is de kalmte van Virgil ongeëvenaard. Het is alsof er ijswater door zijn aderen stroomt. Fans hebben gegrapt dat als Virgil ooit in paniek zou raken, dit waarschijnlijk het universum zou doen glitchen.

46. De kogelmagneet

Voorzetten en steekpasses van de tegenstander lijken Virgil te vinden alsof hij een magneet is. Het is geen geluk, het is zijn ongelooflijke lezing van het spel. Aanvallers grappen vaak dat als je tegen hem speelt, het voelt alsof hij overal tegelijk is.

47. Een verdediger die scoort als een spits

Virgil stopt niet alleen doelpunten; Hij scoort ze ook. Met zijn torenhoge aanwezigheid is hij een dreiging bij hoekschoppen en vrije trappen. Als hij boven iedereen uitstijgt en de bal in het net slaat, is het alsof je naar een superheld kijkt die midden in de actie zit. Verdedigers horen niet zo goed te scoren, maar Virgil kreeg die memo niet.

48. Het modespel is sterk

Buiten het veld is de stijl van Virgil schoon, scherp en moeiteloos cool. Van maatpakken tot streetwear, hij weet hoe hij een statement moet maken zonder overboord te gaan. Als voetbal ooit saai voor hem wordt (onwaarschijnlijk), zou hij gemakkelijk de modewereld kunnen overnemen.

49. Zijn onschatbare glimlach

Virgil heeft een van die glimlachen die een stadion zou kunnen verlichten. Of het nu na een overwinning is of tijdens een informeel interview, zijn grijns maakt hem meteen sympathieker. Het is het soort glimlach dat zegt: *"Ja, ik was net de baas over het spel, maar ik ben er bescheiden over."*

50. Een ridder in een oranje harnas

Voor het Nederlands elftal is Virgil de rots in de branding. Met de beroemde oranje trui heeft hij zijn land geleid met dezelfde dominantie die hij bij Liverpool laat zien. Als hij interland is, hebben Nederlandse fans het gevoel dat hun verdediging in veilige handen is, want dat is het ook.

51. De wegversperring voor stakers van wereldklasse

Virgil is niet bang voor Messi, Ronaldo of Mbappé; Ze zijn bang voor hem. Hij heeft het opgenomen tegen de beste ter wereld en is als beste uit de bus gekomen. Aanvallers die verdedigers normaal gesproken terroriseren, zien er ineens heel gemiddeld uit als ze het opnemen tegen Virgil.

52. De Meester van het Herstel

Als Virgil wordt geslagen (een zeldzame gebeurtenis), vier het dan nog niet. Zijn herstelsnelheid is krankzinnig. Hij kan een stap verliezen aan een spits en toch inhalen alsof hij een scène in een film vooruitspoelt. Je kunt hem niet ontlopen - je kunt alleen maar hopen dat hij besluit te joggen.

53. Nooit overgeslagen Leg Day

De kracht van Virgil is niet alleen voor de show. Zijn lichamelijkheid stelt hem in staat om luchtduels te domineren, aanvallers van de bal te halen en deze als een fort af te schermen. Stakers die hem proberen te omzeilen, zijn als kinderen die een geparkeerde auto proberen te duwen - het gebeurt niet.

54. Het ultieme rolmodel

Jongere spelers praten vaak over hoeveel ze Virgil bewonderen. Hij is de man naar wie ze opkijken, niet alleen omdat hij waanzinnig goed is, maar ook omdat hij zich met klasse gedraagt. Op en naast het veld is hij het voorbeeld dat elke jonge verdediger wil volgen.

55. Een muur die praat

Vergilius is niet alleen een fysieke aanwezigheid; Hij is ook een vocale. Hij communiceert constant met zijn teamgenoten en organiseert de backline als een generaal. Zijn stem heeft zoveel gezag dat zelfs de oppositie waarschijnlijk luistert.

56. Hij doet geen slidings

In tegenstelling tot de meeste verdedigers glijdt Virgil zelden. Waarom? Omdat hij het niet hoeft te doen. Zijn positionering is zo perfect dat hij bijna altijd staat als hij de bal verovert. Slidings zien er misschien cool uit, maar de kalme onteigening van Virgil is nog cooler.

57. De kracht van visualisatie

Virgil gaf ooit toe dat hij games visualiseert voordat hij ze speelt. Hij bereidt zich mentaal voor op elk mogelijk scenario, dus als het echte spel plaatsvindt, voelt het alsof hij het allemaal al eerder heeft gedaan. Praat over 4D-schaken terwijl iedereen vastzit op dammen.

58. De leider die Liverpool nodig had

Toen Virgil bij Liverpool kwam, verbeterde hij niet alleen hun verdediging, hij transformeerde het ook. Voor hem was de achterhoede van Liverpool op zijn best wankel. Na hem? Ze werden een fort. Zijn impact was zo onmiddellijk, het is alsof hij met een toverstaf over het hele team zwaaide.

59. Altijd op de juiste plaats

De positionering van Virgil is zo goed dat je zou denken dat hij een GPS-tracker heeft voor waar de bal naartoe gaat. Hij is altijd precies waar hij moet zijn, of het nu gaat om het onderscheppen van een pass of het blokkeren van een schot. Het is bijna oneerlijk hoe consistent perfect zijn positionering is.

60. Een familieman

Buiten het veld draait het bij Virgil allemaal om familie. Hij praat vaak over hoeveel zijn vrouw en kinderen voor hem betekenen. Ondanks zijn roem geeft hij er prioriteit aan om quality time met hen door te brengen. Het is verfrissend om een superster te zien die net zo geaard is als hij getalenteerd is.

61. De stilte voor de storm

De kalme houding van Vergilius is legendarisch. Zelfs als er veel op het spel staat, geeft hij geen krimp. Het is alsof hij gebouwd is om met druk om te gaan. Of het nu gaat om een tackle op het laatste moment of een strafschoppenserie, hij blijft ijskoud.

62. Hij is nog nooit voorbij gedribbeld

Oké, deze heeft verduidelijking nodig - het is niet helemaal waar, maar het komt in de buurt. Virgil ging een heel Premier League-seizoen door zonder voorbij te worden gedribbeld. Laat dat even bezinken. In een competitie vol elitespelers kon niemand hem een heel jaar lang de baas worden.

63. De best geklede verdediger

Op teamfoto's valt Virgil altijd op, niet alleen omdat hij lang is, maar ook omdat hij eruitziet alsof hij rechtstreeks uit een GQ-tijdschrift is gestapt. Zijn teamgenoten zouden trainingskleding kunnen dragen, en hij zou er op de een of andere manier nog steeds uitzien alsof hij model staat voor een high-end merk.

64. Een recordbrekende overdracht

Toen Liverpool Virgil tekende voor £ 75 miljoen, werden de wenkbrauwen opgetrokken. Mensen vonden het te veel voor een verdediger. Een paar jaar vooruitspoelen, en het lijkt het koopje van de eeuw. Hij is elke cent waard - en nog wat.

65. De mentor

Jongere verdedigers bij Liverpool, zoals Trent Alexander-Arnold, hebben Virgil gecrediteerd voor het helpen groeien. Hij is niet alleen een teamgenoot; Hij is een mentor. Zijn advies en leiderschap hebben de carrières van spelers om hem heen gevormd.

66. De stille moordenaar

Virgil is niet iemand voor flitsende vieringen of trash talk. Hij laat zijn optredens voor zich spreken. Aanvallers verlaten gefrustreerd het veld en Virgil loopt gewoon weg van: *"Weer een dag op kantoor."*

67. De Nederlandse reus die voor niemand bang is

De onverschrokken houding van Vergilius is een van zijn meest bewonderenswaardige eigenschappen. Het maakt hem niet uit of hij tegenover de beste spelers ter wereld staat - hij speelt zijn spel en domineert. Zelfvertrouwen maakt niet alleen deel uit van zijn persoonlijkheid; het maakt deel uit van zijn DNA.

68. De droom van een verdediger

Als je de perfecte verdediger zou ontwerpen, kom je uit bij Virgil van Dijk. Lang, sterk, snel, intelligent, beheerst - hij is het totaalpakket. Hij is wat elke verdediger wil zijn en waar elke spits bang voor is.

69. De man die twijfelaars in gelovigen veranderde

Toen Virgil voor het eerst in de Premier League arriveerde, vroegen sceptici zich af of hij de sprong van Southampton naar Liverpool aankon. Nu? Diezelfde sceptici zijn zijn grootste fans. Hij voldeed niet alleen aan de verwachtingen; Hij verbrijzelde ze.

70. Houdt van een goede Netflix-binge

Als hij niet op het veld staat, houdt Virgil ervan om achterover te leunen en films of series op Netflix te kijken. Net als de rest van ons geniet hij van een luie dag op de bank. Verwacht alleen niet dat hij zijn favoriete programma's onthult - dat houdt hij privé.

71. De penaltykiller

De aanwezigheid van Virgil tijdens penalty's is zenuwslopend. Zijn enorme omvang en focus zorgen ervoor dat spitsen aan zichzelf twijfelen. Zelfs als hij niet de keeper is, voelt zijn aura alleen al als een extra muur waar spelers doorheen moeten komen.

72. De redder van Liverpool in Istanbul 2.0

In 2019 was Virgil cruciaal in de Champions League-run van Liverpool, inclusief hun epische comeback tegen Barcelona. Zijn leiderschap in de verdediging hielp bij het bezegelen van hun 6e Europese titel. Istanbul 2005 mag dan legendarisch zijn, maar 2019 had zijn eigen magie, met Virgil voorop.

73. Een fan van Michael Jordan

Virgil heeft zijn bewondering uitgesproken voor basketballegende Michael Jordan. Net als Jordan domineert Virgil zijn sport met een mix van vaardigheid, discipline en leiderschap. De twee zouden waarschijnlijk veel hebben om over te praten.

74. De eerste Nederlandse verdediger die de UEFA Speler van het Jaar wint

Virgil schreef in 2019 geschiedenis door de eerste verdediger - en de eerste Nederlandse speler - te worden die de UEFA-prijs voor Speler van het Jaar won. Het verslaan van Lionel Messi en Cristiano Ronaldo voor de prijs maakte het nog specialer.

75. De kapitein zonder armband

Bij Liverpool is Jordan Henderson de officiële aanvoerder, maar iedereen weet dat Virgil ook een leider is. Zelfs zonder de armband dwingt hij respect af en inspireert hij zijn teamgenoten om het beste van zichzelf te geven.

76. Het debat over de GOAT-verdediger

Sommige fans en analisten beweren dat Virgil een van de grootste verdedigers aller tijden is. Of je het er nu mee eens bent of niet, zijn impact op het moderne voetbal valt niet te ontkennen. Hij is in het gesprek, en dat zegt veel.

77. De kampioen van het goede doel

Virgil is betrokken bij verschillende goede doelen, zowel in Nederland als internationaal. Hij gebruikt zijn platform om iets terug te doen en bewijst dat grootsheid niet alleen gaat over wat je op het veld doet.

78. Een echte heer

De sportiviteit van Vergilius is lovenswaardig. Hij speelt hard maar eerlijk, en hij wordt vaak gezien terwijl hij tegenstanders overeind helpt na een uitdaging. Hij is het bewijs dat je fel kunt zijn op het veld en tegelijkertijd respectvol.

79. Zijn bromance met Andy Robertson

Virgil en Liverpool-teamgenoot Andy Robertson delen een hilarische bromance. Hun geklets op en naast het veld is legendarisch onder fans. Het duo zou net zo goed hun eigen comedyshow kunnen hebben.

80. Een meester in denkspelletjes

Virgil weet hoe hij in de hoofden van zijn tegenstanders moet kruipen. Of het nu gaat om een subtiele blik of een perfect getimede opmerking, hij doet spitsen aan zichzelf twijfelen. Het maakt allemaal deel uit van zijn mentale oorlogsvoering.

81. De kunst van de no-look pas

Virgil heeft de no-look pass onder de knie, een vaardigheid die meestal wordt geassocieerd met middenvelders en aanvallers. Het is een lust voor het oog om te zien hoe een verdediger van 6'4" het zo soepel doet.

82. Een groot kind in hart en nieren

Ondanks zijn intimiderende aanwezigheid staat Virgil bekend om zijn speelse kant. Of het nu gaat om grapjes maken met teamgenoten of spelen met kinderen, hij weet hoe hij zich moet laten gaan en plezier moet hebben.

83. De recordbrekende clean sheet streak

Tijdens het ongelooflijke seizoen 2018-19 van Liverpool hielp Virgil hen om een waanzinnig aantal schone lakens te houden. Zijn defensieve consistentie was een hoeksteen van hun succes.

84. De onverstoorbare

Hoe hoog de inzet ook is, Virgil verliest nooit zijn kalmte. Zijn kalmte onder druk is een van zijn meest waardevolle eigenschappen. Hem zien spelen is als kijken naar een masterclass in kalmte.

85. De onwaarschijnlijke doelman

Als kind probeerde Virgil keeper te worden. Hoewel het niet zijn roeping was, gaf het hem een uniek perspectief op het spel. Het is geen wonder dat hij zo goed is in het lezen van aanvallende spelers.

86. De FIFA-koning

Zoals veel voetballers houdt Virgil ervan om FIFA te spelen. Als je hem ooit online tegenkomt, wees dan gewaarschuwd: hij is net zo competitief in videogames als op het veld.

87. De specialist op lange termijn

Virgil heeft een talent voor het geven van lange passes die de verdediging opensplijten. Het is alsof hij een radar in zijn laarzen heeft ingebouwd. Het is pure poëzie om te zien hoe hij een bal over het veld pingelt.

88. De geheime chef-kok

Virgil houdt van koken en is er blijkbaar best goed in. Hij heeft zelfs grapjes gemaakt over het openen van een restaurant op een dag. Stel je voor dat je eet op een plek die eigendom is van een van 's werelds beste verdedigers!

89. De eng goede vrijetrapnemer

Virgil neemt niet vaak vrije trappen, maar als hij dat doet, zijn ze dodelijk. Zijn precisie en kracht maken hem tot een geheim wapen in dode spelsituaties.

90. De inspirerende spreker

De toespraken van Virgil voor de wedstrijd zijn legendarisch. Teamgenoten zeggen dat zijn woorden een manier hebben om ze aan te wakkeren terwijl ze gefocust blijven.

Als voetbal niet was gelukt, had hij een motiverende coach kunnen zijn.

91. Een held in Nederland

In zijn geboortestad Breda is Virgil een lokale held. Kinderen groeien op met de wens om net als hij te zijn, en zijn verhaal inspireert hen om groots te dromen.

92. De man met een plan

Virgil vertrouwt niet alleen op talent; Hij bestudeert tegenstanders minutieus. Hij kijkt uren aan beeldmateriaal om hun sterke en zwakke punten te begrijpen. Zijn voorbereiding onderscheidt hem.

93. Een geschiedenismaker op Anfield

Virgil scoorde bij zijn Liverpool-debuut in de Merseyside Derby. Het was de perfecte manier om zich aan te kondigen aan de gelovigen van Anfield.

94. De comeback-koning

Na een lange blessure keerde Virgil sterker dan ooit terug. Zijn veerkracht en vastberadenheid bewezen waarom hij een van de besten is.

95. Een doelpuntenmaker in de finale

Virgil heeft gescoord in cruciale finales, waaronder voor Nederland in de Nations League. Wanneer het er het meest toe doet, levert hij.

96. Zijn kenmerkende viering

De vieringen van Vergilius zijn ingetogen maar krachtig. Een vuistpomp hier, een brul daar - het draait allemaal om passie, niet om showboating.

97. Het beest bij kopballen

Het kopvermogen van Virgil is ongeëvenaard. Of hij nu verdedigt of aanvalt, hij is bijna onverslaanbaar in de lucht.

98. De favoriet van de fans

Liverpool-fans hebben een speciaal gezang voor Virgil: *"Hij is onze centrale helft, hij is onze nummer vier!"* Het wordt elke wedstrijd met trots gezongen.

99. Altijd verbeteren

Ondanks dat hij een van de besten is, werkt Virgil constant aan verbetering. Zijn honger naar grootsheid is wat hem zo speciaal maakt.

100. Een levende legende

Op slechts 32-jarige leeftijd heeft Virgil zijn nalatenschap al gecementeerd. Hij is niet zomaar een speler; Hij is een icoon van het moderne voetbal, een naam die generaties lang zal worden herinnerd.

101. De tijd dat hij als spits speelde (en fatsoenlijk was!)

Ooit, in zijn Groningse tijd, viel Virgil in als spits. De torenhoge verdediger speelde een paar wedstrijden voorin en deed het niet al te armoedig door een paar doelpunten te maken. Stel je voor dat je een centrale verdediger bent en Virgil op je af ziet stormen… Ja, nee dank je.

102. Een fulltime verdediger, parttime haarmodel

De golvende lokken van Vergilius zijn zo weelderig dat ze hem waarschijnlijk een shampoo-goedkeuring zouden kunnen opleveren. Hij beweert dat hij niet veel doet om het te onderhouden, wat het nog oneerlijker maakt. Zoals, kerel, deel het geheim!

103. Heeft een hartstochtelijke hekel aan paddenstoelen

Virgil kan naar verluidt niet tegen paddenstoelen. Of het nu gaat om de smaak, textuur of gewoon het idee om schimmels te eten, het gaat hem niet om dat leven. Dus als je hem uitnodigt voor een etentje, houd de risotto dan schimmelvrij.

104. Speelt schaken zoals hij voetbal speelt

Virgil is een beetje een schaaknerd en zijn stijl weerspiegelt zijn voetbalbenadering: berekend, strategisch en altijd vijf zetten vooruit denkend. Het gerucht gaat dat hij een hekel heeft aan verliezen, zelfs bij schaken, en in stilte zal zitten om zijn wraak te beramen.

105. Ooit zijn laarzen vergeten voor een wedstrijd

In het begin van zijn carrière vergat Virgil zijn schoenen mee te nemen naar een wedstrijd. Hij moest een reservepaar lenen van een teamgenoot dat een maat te klein was. Hij speelde nog steeds als een baas, want dat deed hij natuurlijk.

106. Kan niet dansen (maar zal het toch proberen)

Op teamfeesten wordt Virgil gedanst... Laten we het gewoon 'enthousiast' noemen. Hij heeft het zelfvertrouwen, maar niet helemaal het ritme, waardoor hij toch het leven van het feest is.

107. Een Taylor Swift-fan in de kast

Hij zou hiphop in de kleedkamer kunnen blazen, maar het gerucht gaat dat Virgil een zwak heeft voor Taylor Swift. "Shake It Off" is blijkbaar zijn guilty pleasure. Je hebt het echter niet van mij gehoord.

108. Geobsedeerd door sneakers

De sneakercollectie van Virgil is waanzinnig. Hij heeft alles, van klassieke Jordans tot zeldzame Yeezys. Leuk weetje: hij heeft ooit uren online in de rij gestaan om een paar in beperkte oplage te bemachtigen, net als de rest van ons boeren.

109. Een ketchup-purist

Virgil vertrouwt mensen niet die ketchup op rare plekken leggen. Eieren? Nope. Pizza? Absoluut niet. Voor hem is het friet of buste. Eerbied.

110. De FIFA Ultimate-teamgenoot

Als je het geluk hebt om FIFA met Virgil te spelen, weet dan dit: hij neemt het veel te serieus. Hij viert virtuele doelpunten alsof het WK-winnaars zijn en stopt met woeden als je de spot durft te drijven met zijn gameplay.

111. Noemt Andy Robertson "Boze Andy"

Virgil en Andy Robertson zijn strak, maar dat weerhoudt Virgil er niet van om hem constant te trollen. "Angry Andy" is zijn bijnaam omdat Robbo *veel te opgewonden raakt* van kleine dingen, zoals verliezen bij steen-papier-schaar.

112. Houdt stiekem van romcoms

Achter het stoere imago is Virgil een sucker voor een goede romcom. Hij is meer dan eens betrapt op het citeren van *Notting Hill* , meestal met een brutale grijns.

113. Een expert in "Nederlandse Dad Jokes"

Virgil houdt ervan om vreselijke papa-grappen over zijn teamgenoten te laten vallen, vooral in het Nederlands. Het probleem? De helft van de tijd begrijpt niemand ze en lacht hij alleen maar.

114. De Nederlandse Hulk (soort van)

De gymsessies van Virgil zijn legendarisch, maar hij is geen fan van leg day. Zijn excuus? "Ik heb geen grotere benen nodig; Ze zijn al sneller dan die van jou." Klassieke logica van Vergilius.

115. Ooit een eigen doelpunt gescoord... Expres?

Er was een wedstrijd waarin de miscommunicatie van Virgil leidde tot een eigen doelpunt. Later grapte hij dat hij het deed "alleen maar om dingen interessant te maken". Natuurlijk, Virgil, we geloven je helemaal.

116. Weigert zelfscankassa's te gebruiken

Virgil vermijdt zelfscankassa's omdat, in zijn woorden: "Het is niet mijn taak om mijn eigen spullen te scannen." Stel je voor dat hij ruzie maakt met een machine over een niet-gescande avocado.

117. Denkt dat ananaspizza een zonde is

Toen hem werd gevraagd naar ananas op pizza, nam Virgil geen blad voor de mond: "Het is verkeerd, en ik zal er niet eens verder over praten." Sterke meningen van de Nederlandse verdediger.

118. Brengt alarmerend veel tijd door op Instagram Reels

Virgil kan urenlang door Instagram Reels scrollen, vooral die over honden die domme dingen doen. Hij heeft ooit geprobeerd een haspel na te bootsen met zijn eigen hond… Het ging niet goed.

119. De verdediger die een hekel heeft aan verdedigen tijdens de training

Tijdens trainingen speelt Virgil het liefst voorin. Zijn excuus? "Ik weet al hoe ik moet verdedigen, dus laat me wat doelpunten maken!" Zijn coaches zijn niet altijd geamuseerd.

120. Denkt dat duiven achterdochtig zijn

Virgil heeft iets vreemds over duiven en beweert dat ze eruitzien als 'kleine spionnen'. Of hij een grapje maakt of serieus is, blijft een mysterie.

121. Bijna DJ geworden

Als voetbal niet was gelukt, beweert Virgil dat hij een carrière als DJ zou hebben nagestreefd. Hij hield zich zelfs bezig met het mixen van nummers, maar blijkbaar was hij niet erg goed.

122. Heeft een go-to karaoke-nummer

Virgil's karaoke wapen bij uitstek? *Wonderwall* van Oasis. Hij zingt het uit met zo'n passie dat teamgenoten meestal meedoen, of ze dat nu willen of niet.

123. Denkt dat de VAR hem haat

Virgil heeft gegrapt dat de VAR het op hem gemunt lijkt te hebben. Elke close call lijkt tegen hem in te gaan, en hij is ervan overtuigd dat er een samenzwering is.

124. "Schiet" penalty's met zijn ogen dicht

Oké, niet letterlijk, maar Virgil beweert dat hij zo zelfverzekerd is tijdens de penaltytraining dat hij waarschijnlijk geblinddoekt zou kunnen scoren. Dat is pas de energie van grote verdedigers.

125. Ooit werd hij voorbijgestreefd door zijn hond

Virgil is meestal de snelste man op het veld, maar tijdens een sprint tegen zijn hond werd hij tweede. Hij wijt "een slechte start" aan de beschamende nederlaag.

126. De koning van de grappen

Virgil houdt ervan om teamgenoten in de maling te nemen. Zijn favoriet? De taalinstellingen op hun telefoon overzetten naar Nederlands. Andy Robertson is er nog steeds zout over.

127. Noemt zichzelf een "graancriticus"

Virgil heeft een uitgesproken mening over ontbijtgranen. Hij heeft ooit 10 minuten tekeer gegaan over waarom cornflakes overschat worden. Blijkbaar is hij een muesli-man.

128. Ooit een weddenschap verloren van James Milner

Virgil wedde met James Milner dat hij een week kon gaan zonder te vloeken. Hij verloor op de tweede dag na een trainingsongeluk. Milner herinnert hem er nog steeds aan.

129. Denkt dat hij een geweldige spion zou zijn

Met zijn kalme houding en het vermogen om situaties te lezen, beweert Virgil dat hij een uitstekende geheim agent zou zijn. Zijn spionnennaam? "Grote V."

130. Weigert Snapchat-filters te gebruiken

Virgil is onvermurwbaar dat hij "te cool" is voor Snapchat-filters. Dat weerhield zijn teamgenoten er niet van om tijdens een teamuitje zijn gezicht met hondenoren te beplakken.

131. Noemt zijn auto "Het Beest"

De auto van Virgil is een op maat gemaakte Range Rover, en ja, hij noemt het 'The Beast'. Hij praat er soms zelfs tegen, wat zowel raar als hilarisch is.

132. Geeft de voorkeur aan katten boven honden

Virgil is een kattenmens in hart en nieren. Hij waardeert hun relaxte sfeer en zou willen dat mensen hem geen "hondenman" meer zouden noemen, alleen maar omdat hij groot is.

133. Denkt dat hij het tegen een haai kan opnemen

Virgil zei ooit in een interview dat hij waarschijnlijk met een haai zou kunnen worstelen als de situatie daarom vroeg. Laten we hopen dat we er nooit achter hoeven te komen.

134. Het mysterie van de verborgen tatoeages

Virgil heeft laten doorschemeren dat hij misschien tatoeages heeft op "onverwachte plaatsen", maar weigert te bevestigen waar. Nu vragen we ons allemaal af.

135. Speelt verstoppertje met zijn kinderen

De kinderen van Virgil vinden het heerlijk om verstoppertje te spelen, maar hij is zo groot dat het bijna onmogelijk is om goede verstopplekken te vinden. Hij hurkt meestal gewoon achter een deur en hoopt er het beste van.

136. De regel "Knoei niet met mijn sokken"

Virgil heeft een raar bijgeloof over zijn sokken: ze moeten eerst aan de linkervoet worden gedaan, dan aan de rechterkant. Als iemand met dit ritueel knoeit, beweert hij dat het zijn hele spel in de war gooit. Op een keer verwisselde een teamgenoot ze voor de grap - Virgil praatte een dag niet met hem.

137. Noemt zijn kopballen "donderslagen"

Virgil's dominantie in de lucht is niet alleen vaardigheid; Het is een spektakel. Hij noemt zijn kopdoelpunten gekscherend "donderslagen" omdat, volgens hem, "het geluid van de bal die mijn voorhoofd raakt, de buurt wakker zou kunnen maken".

138. Gaat nooit ergens heen zonder lippenbalsem

Virgils geheime wapen om koel te blijven op het veld? Lippenbalsem. Hij is geobsedeerd door het gehydrateerd houden van zijn lippen en raakt naar verluidt in paniek als hij geen buis in de buurt heeft. Gladde verdediger, gladde lippen.

139. De Avocado-saga

Virgil ging ooit viraal omdat hij moeite had om een avocado te schillen. In zijn verdediging zei hij: "Ik ben geen chef-kok, ik ben een voetballer." Eerlijk, maar het heeft fans er nog steeds niet van weerhouden om hem avocado-memes te sturen.

140. Bijna in slaap gevallen tijdens een teambespreking

Tijdens een bijzonder lange tactische briefing gaf Virgil toe dat hij even in slaap was gevallen. Zijn excuus? "Ik wist al wat ik moest doen: alles verdedigen!" De coach was not amused, maar zijn teamgenoten vonden het geweldig.

141. "Ik had een basketballer kunnen zijn"

Met 6'4" beweert Virgil dat hij een geweldige basketballer zou zijn geweest. Hij probeerde zelfs een keer te dunken tijdens een liefdadigheidsevenement, maar miste zo erg dat de beelden op mysterieuze wijze verdwenen.

142. Allergisch voor bananen

Virgil kan niet tegen bananen - niet vanwege de smaak, maar omdat hij licht allergisch is. Hij heeft gegrapt dat als iemand hem in een spel wil stoppen, je gewoon een banaan naar hem moet zwaaien als kryptoniet.

143. Beboet voor te hard zingen in de teambus

Virgil zingt graag in de teambus, maar zijn teamgenoten hebben hem ooit beboet omdat hij *Sweet Caroline* zo hard had uitgescholden dat de chauffeur bijna een uitgang miste. Hield dat hem tegen? Nope.

144. De verdediger die geen handschoenen draagt

Zelfs bij vriestemperaturen weigert Virgil handschoenen te dragen. Zijn redenering? "Echte verdedigers voelen de kou niet." Ondertussen zijn zijn teamgenoten gelaagd alsof ze de Everest beklimmen.

145. Kan niet tegen pittig eten

Ondanks zijn meer dan levensgrote aanwezigheid kan Virgil niets pittigers aan dan ketchup. Een teamgenoot heeft hem ooit misleid tot het eten van hotwings, en de grote man werd gezien terwijl hij melk dronk alsof het de WK-finale was.

146. Hij is een seriële Netflix-binger

Virgil heeft toegegeven dat hij hele seizoenen van shows in één keer heeft bekeken. Zijn nieuwste obsessie? Documentaires over haaien. Ja, de man houdt echt van haaien.

147. Droeg 5 jaar lang hetzelfde paar Lucky Shin Pads

Virgil droeg zijn "gelukkige" scheenbeschermers jarenlang totdat ze letterlijk uit elkaar begonnen te vallen. Toen hem werd gevraagd waarom hij ze niet verving, zei hij: "Waarom knoeien met perfectie?"

148. Het Snapchat-incident

Tijdens een teamuitje stuurde Virgil per ongeluk een maffe Snapchat naar de verkeerde groepschat - die van zijn familie. Zijn moeder sms'te terug: "Je bent 6'4", doe zo."

149. Gelooft niet in wekkers

Virgil beweert dat hij zo in harmonie is met zijn biologische klok dat hij geen alarmen nodig heeft. Zijn teamgenoten geloven hem niet, zeker niet nadat hij een keer te laat was voor een ochtendtraining.

150. Gelooft dat hij onoverwinnelijk is in Mario Kart

Virgil neemt zijn Mario Kart veel te serieus en beweert dat hij onverslaanbaar is. Hij verloor ooit van Trent Alexander-Arnold, gooide zijn controller neer en eiste een herkansing. "De baan was gemanipuleerd", zei hij.

En daar heb je het: 150 feiten over Virgil Van Dijk die bewijzen dat hij niet alleen een verdediger is, maar een man met een aantal serieus hilarische eigenaardigheden. Of hij nu verdwaalt in een avocado, als een koning over de lucht heerst of wilde capriolen uithaalt buiten het veld, het is duidelijk dat Virgil verre van een doorsnee voetballer is.

Hij heeft de vaardigheden, de swag en, laten we eerlijk zijn, de meest willekeurige gewoonten die je ooit zult tegenkomen. Maar hé, dat is wat hem… nou ja, *Vergilius*. Bedankt dat je in de vreemde wereld van een van de grootste iconen van het spel bent gedoken. Tot de volgende keer, houd je sokken op orde en vermijd pittig eten, net zoals Virgil zou doen.